EENVOUDIG EN LEKKER

Elke Fuhrmann

De Italiaanse keuken

Deltas

Inhoud

Voorwoord

De Italiaanse keuken – dat betekent niet alleen pizza en pasta.
Als u in Italië geweest bent, weet u wat een heerlijke vleesgerechten er zijn, om maar niet te spreken van de smaakvolle manier waarop vis en schaaldieren worden bereid. Eerste kwaliteit levensmiddelen, verse groenten, het beste vlees, versgevangen vis en schaaldieren vormen de basis voor een goed Italiaans gerecht. Maar u moet ook weten hoe u het klaar moet maken, en een beetje gevoel voor koken hebben. Laat uw creativiteit inspireren door deze recepten en houdt u zich eens wat meer met de Italiaanse keuken bezig. Alle recepten zijn heel makkelijk na te maken, zodat ook beginners niet in moeilijkheden komen. De hoeveelheden zijn berekend voor twee personen. Wanneer hiervan werd afgeweken, staat het juiste aantal personen apart bij het recept vermeld. Alle gerechten werden nagekookt door amateurkoks. Bij elk recept staat informatie over de smaak van het gerecht. Bovendien wordt behalve het aantal calorieën ook de tijdsduur aangegeven, waarbij het bereiden en het gaar worden zijn inbegrepen. Bij de aanduidingen is uitgegaan van:

Snel klaar	= bereidingstijd tot 1/2 uur,
Kost tijd	= bereidingstijd tot 11/2 uur,
Tijdrovend	= bereidingstijd langer dan 11/2 uur.

Bij de aanwijzingen voor de bereiding is ervan uitgegaan, dat fruit, groenten en kruiden schoongemaakt en gewassen zijn. Die voorbereidende werkzaamheden worden dan ook niet nog eens apart vermeld. Bij elk recept wordt aangegeven wat erbij gegeten of gedronken kan worden. De aangegeven tijden en temperaturen hebben betrekking op een elektrische oven.

Afkortingen:

EL	= eetlepel (afgestreken)
TL	= theelepel (afgestreken)
msp.	= mespuntje
l	= liter
ml	= milliliter (1/1000 l)
kg	= kilogram
g	= gram
kcal	= kilocalorieën
ca.	= circa
min.	= minuut/minuten
°C	= graden Celsius

Het aangegeven aantal calorieën heeft altijd betrekking op één portie. De volgorde van de gerechten op de foto's komt overeen met de volgorde van de recepten op de betreffende pagina.

SOEPEN EN VOOR-GERECHTEN

Een maaltijd zonder voorgerecht kunnen Italianen zich nauwelijks voorstellen. Kleine, gevarieerde antipasti zijn bedoeld om de eetlust op te wekken en de smaakpapillen te stimuleren.
Antipasti worden geserveerd met wittebrood, ook grissini passen er goed bij. Bij de groentesoepen hoort in ieder geval geraspte parmezaanse kaas. Die smaakt het best als u hem in één stuk koopt en kort voor gebruik raspt.

Groentesoep uit Milaan

- Bereidingstijd: ca. 1 uur
- ca. 730 kcal per portie
- Serveren met wittebrood

50 g kleine witte bonen
80 g doorregen, gerookt spek
50 g rauwe ham
1 EL boter of margarine
1 ui
1 wortel
1 preitje
1 kleine courgette
100 g erwten, vers of diepvries
75 g gekookte rijst
600 ml vleesbouillon
1 teentje knoflook
1/2 TL zout
1/2 verpulverd laurierblad
1 msp. gemalen peper
2 tomaten
2 EL fijngehakte of gedroogde salie
1 EL fijngehakte basilicum
40 g geraspte parmezaanse kaas

1. De bonen een nacht laten weken.

2. Het spek en de ham in dobbelsteentjes snijden en uitbakken in eigen vet. De groenten in dunne plakjes snijden. Samen met de uitgelekte bonen en erwten aan het spek toevoegen en even meefruiten.

3. De vleesbouillon erbij schenken en ongeveer 25 minuten op matig vuur zachtjes laten koken.

4. Het teentje knoflook fijnwrijven met zout en met het laurierblaadje in de soep doen. Kruiden met peper.

5. De tomaten ontvellen en in stukjes snijden. Met de rijst in de soep doen en nog 10 minuten zachtjes laten koken. Salie en basilicum toevoegen, bestrooien met parmezaanse kaas.

Variatie:
Kook de soep zoals hierboven beschreven, maar strooi er geen parmezaanse kaas over. Rooster in plaats daarvan 2 sneetjes stokbrood in de koekepan en zet die bestrooid met parmezaanse kaas bij 200 °C in de oven. Serveer de sneetjes bij de soep.

KOST TIJD
KRUIDIG

Mosselsoep

- Bereidingstijd: ca. 11/4 uur
- ca. 410 kcal per portie
- Serveren met stokbrood met knoflook

1 ui
1 wortel
1/2 stengel selderij
1 fijngehakt teentje knoflook
2 EL olijfolie
zout
zwarte peper
1/2 TL fijngehakte basilicum
1/2 TL verse oregano
1 TL geraspte schil van een onbespoten citroen
1/8 l witte wijn
200 g ontvelde tomaten (blik)
750 g verse mosselen

1. De groenten in blokjes snijden en met de knoflook 5 tot 10 minuten in de hete olie smoren.

2. De groenten op smaak brengen met de kruiden en de citroenrasp, blussen met witte wijn en de tomaten toevoegen.

3. Open mosselen weggooien. De dichte onder stromend water schoonborstelen, goed afspoelen en dan in de hete soep doen.

4. De soep met het deksel op de pan op matig vuur laten koken tot alle mosselen zich geopend hebben, dan pittig kruiden. Dicht gebleven mosselen verwijderen!

Tip:
Mosselen zijn verkrijgbaar als de "r" in de maand zit. Maar u kunt ook mosselen uit de diepvries nemen.

Uiensoep

- Bereidingstijd: ca. 3/4 uur
- ca. 350 kcal per portie
- Serveren met vloerbrood

250 g uien
1-2 EL reuzel
1/2 teentje knoflook
1/2 Spaanse peper
1-2 EL tomatenpuree
1/2 TL verse oregano
1/2 TL fijngehakte basilicum
75 ml droge witte wijn
350 ml vleesbouillon
zout, zwarte peper
1 snufje cayennepeper
1 msp. suiker
2 sneetjes wittebrood
50 g mozzarella

1. De uien in dunne reepjes snijden en fruiten in de hete reuzel. Knoflook en Spaanse peper fijnhakken en even meefruiten.

2. De tomatenpuree erdoor roeren, kruiden met de oregano en de basilicum, blussen met witte wijn en de vleesbouillon erbij schenken.

3. De oven voorverwarmen op 200 °C. De soep op matig vuur 25 tot 30 minuten zachtjes laten koken. Pittig kruiden en overdoen in vuurvaste soepkommen.

4. Een sneetje wittebrood, belegd met mozzarella in de soep leggen en de kommen even in de oven zetten.

Italiaanse boerensalade

- Bereidingstijd: ca. 1/2 uur
- Intrekken: ca. 1/4 uur
- ca. 490 kcal per portie
- Serveren met wittebrood

1 ui
1/2 rode paprika
1/2 groene paprika
2 tomaten
50 g zwarte olijven
100 g geitekaas in blokjes
4 EL olijfolie
2 EL kruidenazijn
zout, peper
1 TL suiker
1 EL fijngeknipte bieslook

1. De ui fijnsnipperen, de paprika's in dobbelsteentjes snijden, de tomaten ontvellen en eveneens in stukjes snijden.

2. De groenten met de olijven en de geitekaas voorzichtig door elkaar scheppen in een ruime schaal.

3. Een dressing van olijfolie, azijn, peper, zout en suiker over de salade schenken en die 10 tot 15 minuten laten intrekken in de koelkast. Nogmaals kruiden en voor het opdienen met bieslook bestrooien.

Tomaten met mozzarella

- Bereidingstijd: ca. 1/2 uur
- ca. 180 kcal per portie
- Serveren met speltbrood

4 tomaten
150 g mozzarella
een paar blaadjes basilicum
zout, peper
1 EL olijfolie

1. De tomaten en de mozzarella in plakjes snijden.

2. Op twee borden afwisselend plakjes tomaat en plakjes mozzarella in de vorm van een waaier leggen.

3. De basilicum fijnhakken en over de kaas strooien, een paar blaadjes apart houden. De kaas kruiden met peper en zout en besprenkelen met de olie. Garneren met de blaadjes basilicum.

Tip:
Deze salade wordt pittiger als u er ook nog een scheutje kruidenazijn overheen doet.

Voorgerechtenschotel

- Bereidingstijd: ca. 3/4 uur
- ca. 625 kcal per portie
- Serveren met wittebrood

6 dunne plakjes salami
2 dunne plakjes Parmaham
6 dunne plakjes Coppaham
50 g mozzarella
zwarte en groene olijven
1-2 Spaanse pepers (pot)
1 artisjokhart
25 g gorgonzola

Voor de pesto:

80 g basilicum, tijm en salie
1 teentje knoflook
3 zwarte olijven zonder pit
25 g geraspte pecorino
65 g olijfolie
zout, versgemalen peper

1. Salami, ham en mozzarella over twee borden verdelen. Olijven, Spaanse pepers, artisjokhart en gorgonzola erbij leggen.

2. Voor de pesto de kruiden, het teentje knoflook en de olijven fijnhakken.

3. Alle ingrediënten en de geraspte kaas door de olijfolie roeren en kruiden met peper en zout.
(op de foto: boven)

Gemarineerde paprika's

- Bereidingstijd: ca. 3/4 uur
- Marineren: ca. 1/2 dag
- ca. 200 kcal per portie
- Serveren met wittebrood

3 paprika's (rood, geel en groen)
1 laurierblad
3 EL olijfolie
3 EL wijnazijn
zout, versgemalen peper
2 teentjes knoflook
4 ansjovisfilets
1 EL kappertjes

1. De paprika's halveren en roosteren in de oven, tot het vel zwart is en springt. In de lengte in 3 cm brede reepjes snijden, de zaadlijsten verwijderen. Op een diep bord leggen en het laurierblad erboven verpulveren.

2. Olijfolie, azijn, peper en zout door elkaar roeren. De teentjes knoflook erboven uitpersen. De ansjovis fijnprakken met een vork, de kappertjes fijnhakken en beide aan de marinade toevoegen. De marinade over de reepjes paprika schenken en minstens een halve dag laten intrekken.
(op de foto: onder)

KOST TIJD • **HARTIG**

KOST TIJD • **PIKANT**

Vitello tonato

- Bereidingstijd: ca. 11/4 uur
- Intrekken: ca. 1/4 uur
- ca. 790 kcal per portie
- Serveren met droge witte wijn

300 g kalfsvlees
1 EL olie
1 teentje knoflook
50 g tonijn in olie
3-4 ansjovisfilets
sap van 1/2 citroen
1 grote eidooier
75 ml olijfolie
125 g room
4 EL droge witte wijn
1 EL kappertjes
een paar druppels vruchtenazijn
zout, peper
1 snufje cayennepeper
1 msp. suiker

1. Het kalfsvlees in de olie braden en laten afkoelen.

2. Het vlees in ragdunne plakjes snijden. De plakjes op een bord leggen.

3. Knoflook, tonijn en ansjovis pureren. Eidooier en citroensap erdoor roeren en de olijfolie er druppel voor druppel met de garde door kloppen.

4. De room en de wijn toevoegen en alles tot een romige saus roeren. De uitgelekte kappertjes erdoor scheppen en de saus kruiden. De tonijnsaus gelijkmatig over de plakjes vlees verdelen en 10 tot 15 minuten in de koelkast laten intrekken.

Carpaccio

- Bereidingstijd: ca. 1/4 uur
- ca. 220 kcal per portie
- Serveren met Italiaans wittebrood

160 g runderfilet
peper, zout
3 EL olijfolie
2 EL citroensap
1 EL fijngehakte peterselie
1 EL fijngehakte kappertjes

1. De runderfilet even laten aanbakken en dan in ragdunne plakjes snijden. Over twee borden verdelen en kruiden met peper en zout.

2. Een dressing roeren van de olijfolie, het citroensap, de peterselie en de kappertjes en die over het vlees schenken. Grofgemalen peper erover strooien.

Tip:
Parmezaanse kaas, die voor het opdienen ragdun boven het vlees wordt geschaafd, smaakt hier voortreffelijk bij.

Variatie:
Extravagant wordt het, als de runderfilet met zalmcarpaccio wordt gecombineerd. Die wordt op dezelfde manier bereid.

Gefrituurde inktvisringen

- Bereidingstijd: ca. 1/2 uur
- ca. 1210 kcal per portie
- Serveren met risotto

olie om te frituren
400 g gepaneerde inktvisringen (diepvries)
125 g boter of margarine
75 ml droge witte wijn
sap van 1/2 citroen
3 eidooiers
1 EL fijngehakte citroenmelisse
1 snufje cayennepeper
1 msp. suiker

1. De olie in een friteuse tot 180 °C verhitten en de inktvisringen goudgeel frituren. Uit de pan nemen, goed laten uitlekken en warm houden.

2. Voor de saus de boter of margarine smelten en een beetje laten afkoelen. Witte wijn, citroensap en eidooiers au bain marie schuimend kloppen.

3. Van het vuur af druppel voor druppel de handwarme boter of margarine door de crème roeren. De citroenmelisse door de saus scheppen en die pittig kruiden met peper, zout, cayennepeper en suiker.

4. De inktvisringen opdienen met de citroenmelisse.
(op de foto: boven)

Gefrituurde groenten

- Bereidingstijd: 3/4 uur
- Rijzen: ca. 1 uur
- ca. 770 kcal per portie
- Serveren met remouladesaus

150 g bloem
1/8 l licht bier
1 eidooier
peper en zout
1 EL fijngehakte salie
100 g worteltjes, in reepjes
100 g broccoli, in roosjes
50 g bloemkool, in roosjes
50 g courgette, in reepjes
1 eiwit
olie om te frituren

1. Een glad deeg roeren van de bloem, het bier en de eidooier. Kruiden met peper en zout. De salie door het deeg roeren. Ongeveer 1 uur laten rijzen.

2. De groenten na elkaar in water met wat zout 2 tot 3 minuten blancheren. Uit de pan nemen, even laten schrikken in ijskoud water, laten uitlekken en afkoelen.

3. De olie in een friteuse verhitten tot 180 °C. Het eiwit stijfslaan en door het deeg scheppen.

4. De stukjes groenten droogdeppen, door het deeg halen en in 3 tot 5 minuten goudgeel frituren. Laten uitlekken op keukenpapier.
(op de foto: onder)

SNEL KLAAR • **FRISZUUR**

KOST TIJD • **KRUIDIG**

Gebakken aubergine

- Bereidingstijd: ca. 3/4 uur
- ca. 360 kcal per portie
- Serveren met zilvervliesrijst

1 kleine aubergine
1 EL zout, zwarte peper
50 g bloem
olijfolie om te bakken
1 ui, 2 teentjes knoflook
200 g ontvelde tomaten (blik)
1 EL tomatenpuree
1 TL oregano, 1 TL fijngehakte basilicum
1/8 l droge witte wijn
sap van 1/2 citroen, 1 EL vruchtenazijn
1 snufje cayennepeper
1 msp. suiker
1 EL fijngehakte bieslook
1 hardgekookt ei
1-2 EL olijfolie

1. De aubergine in ongeveer 1 cm dikke plakken snijden. Bestrooien met zout en in de koelkast 10 minuten het vocht eruit laten trekken. Daarna afspoelen en droogdeppen.

2. De plakjes aubergine pittig kruiden met peper en zout en door de bloem wentelen. Goudgeel bakken in de olie en op een bord leggen.

3. De ui fijnsnipperen voor de saus en in de rest van de olie glazig fruiten. De teentjes knoflook even meefruiten. De tomaten fijnprakken met een vork en toevoegen.

4. De tomatenpuree erdoor roeren, de oregano en de basilicum erover strooien en de witte wijn erbij schenken. De saus pittig kruiden. Nogmaals aan de kook brengen en dan over de plakjes aubergine schenken.

5. Het ei in stukjes snijden en met de bieslook over het gerecht strooien. De olie erover sprenkelen.

Gemarineerde courgette

- Bereidingstijd: ca. 3/4 uur
- Marineren: ca. 20 min.
- ca. 340 kcal per portie

2 courgettes
sap van 1 citroen
zout, zwarte peper
50 g bloem
olijfolie om te bakken
1 kleine ui, 1 teentje knoflook
1-2 EL olijfolie
80 ml groentebouillon
3 EL wijnazijn
80 ml droge witte wijn
1/2 TL groene peperkorrels
1 snufje suiker
1/2 TL fijngehakte basilicum
3 takjes citroenmelisse
3 takjes peterselie

1. De courgettes in plakjes snijden en kruiden met citroensap, peper en zout. De plakjes door de bloem wentelen en bakken in de hete olijfolie. Uit de pan nemen en op een platte schaal leggen.

2. Ui en knoflook fijnsnipperen en glazig fruiten in de olijfolie. Bouillon, azijn en wijn erbij schenken en de peperkorrels, suiker en kruiden toevoegen. De marinade over de courgettes schenken, en afgedekt 15 tot 20 minuten in de koelkast laten intrekken.

HOOFD-GERECHTEN MET VLEES EN VIS

Wie dol is op vlees, komt in de Italiaanse keuken aan zijn trekken. Niet alleen gebraden stukken vlees zijn een delicatesse, maar dat geldt ook voor stoofpotten en gerechten met gevogelte.
Door de nabijheid van de Middellandse Zee is het assortiment vis en schaaldieren enorm. Door snelle transporten kunnen ook wij elke dag verse vis kopen, zodat de Italiaanse recepten hier nagemaakt kunnen worden.

Rumpsteak uit het Abruzzo-gebergte

- Bereidingstijd: ca. 1 uur
- ca. 890 kcal per portie
- Serveren met gebakken aardappelen

1 teentje knoflook
3 EL olijfolie
2 rumpsteaks à 200 g
zout, versgemalen peper

Voor de saus:
50 g gekookte ham
1 ui
1 EL boter of margarine
50 g cantharellen
100 g champignons
1 tomaat
1 snufje muskaatnoot
2 EL fijngehakte peterselie
2 EL oregano
1 EL cognac
4 plakjes doorregen, gerookt spek
100 g in plakken gesneden mozzarella

1. De knoflook fijnsnipperen en even fruiten in de olie. De steaks in de knoflookolie bakken, uit de pan nemen, bestrooien met peper en zout en warm houden.

2. De ham in reepjes snijden, de ui fijnsnipperen en beide in de hete olie fruiten.

3. De paddestoelen kleinsnijden en even meefruiten. De tomaat ontvellen, in stukjes snijden en door de paddestoelen scheppen. Op smaak brengen met peper, zout, muskaatnoot, kruiden en cognac.

4. De plakjes spek uitbakken in de resterende knoflookolie en op de steaks leggen. Het paddestoelenmengsel erover verdelen. De kaas erop leggen en even in de oven laten smelten.

KOST TIJD

HARTIG

Ossobuco alla Milanese

- Bereidingstijd: ca. 11/2 uur
- ca. 590 kcal per portie
- Serveren met spaghetti

2 kalfsschenkels à 300 g
zout, versgemalen peper
1/2 TL komijn
4 EL olijfolie
1 ui, 1 wortel
1 stengel bleekselderij
4 tomaten
125 g tomatenpuree (blik)
75 ml witte wijn
75 ml vleesbouillon
1/2 TL geraspte citroenschil
1/2 verpulverd laurierblad
1 teentje knoflook, 1/2 TL zout
1 EL fijngehakte peterselie
1 hardgekookt ei, fijngehakt

1. De schijven vlees flink inwrijven met peper, zout en komijn. Snel bruin bakken in de olie. Uit de pan nemen.

2. De groenten in dobbelsteentjes snijden en fruiten in de resterende olie.

3. De tomaten ontvellen, zeven, en met de tomatenpuree, de witte wijn en de vleesbouillon aan de groenten toevoegen.

4. Het knoflookteentje fijnwrijven met zout, en samen met de citroenrasp en het laurierblad in de saus doen. Kruiden met peper en zout. Het vlees toevoegen en met het deksel op de pan op matig vuur ongeveer 1 uur laten smoren.

5. Nogmaals kruiden en bestrooien met peterselie en ei.
(op de foto: boven)

Gestoofd rundvlees

- Bereidingstijd: ca. 11/4 uur
- ca. 620 kcal per portie
- Serveren met groene lintmacaroni

2 EL olijfolie
2 braadlappen à 200 g
1 teentje knoflook
1/2 TL zout
1 ui
1 worteltje
50 g Parmaham
1 EL tomatenpuree
80 ml rode wijn
1 blikje ontvelde tomaten
1/8 l vleesbouillon
75 g zwarte en groene olijven
1 EL oregano
zout, versgemalen peper
een beetje maïszetmeel

1. Het vlees in de olie braden tot het verkleurt.

2. Het knoflookteentje fijnwrijven met zout, de ui fijnsnipperen, de wortel in dobbelsteentjes snijden. Aan het vlees toevoegen en even meebakken.

3. De tomatenpuree erdoor roeren, de ham kleinsnijden en toevoegen, blussen met rode wijn. De tomaten prakken en samen met de vleesbouillon toevoegen.

4. De olijven toevoegen, en alles met het deksel op de pan op matig vuur ongeveer 50 minuten laten sudderen. De oregano erdoor scheppen, op smaak brengen met peper en zout en binden met wat aangelengd maïszetmeel. Het vlees opdienen in de saus.
(op de foto: onder)

Saltimbocca

- Bereidingstijd: ca. 1/2 uur
- ca. 380 kcal per portie
- Serveren met risotto

2 dunne kalfsschnitzels (à 150 g)
4 plakken Parmaham
8 grote salieblaadjes (vers of gedroogd)
zout, versgemalen peper
1 EL bloem
1-2 EL boter
1/8 l witte wijn

1. De kalfsschnitzels platdrukken met de handpalm en beleggen met een plakje ham.

2. De salieblaadjes over de ham verdelen. De schnitzels dubbelvouwen en vaststeken met houten prikkers. Bestrooien met peper en zout en door de bloem wentelen.

3. De boter verhitten in een koekepan en hierin de schnitzels aan weerskanten ongeveer 3 minuten braden. Warm houden.

4. Het braadnat blussen met de witte wijn, aan de kook brengen en op smaak brengen met peper en zout.

Kalfsfilet in kaassaus

- Bereidingstijd: ca. 1/2 uur
- ca. 670 kcal per portie
- Serveren met groene lintmacaroni

300 g kalfsfilet
4 EL olijfolie
zout, zwarte peper
1 snufje cayennepeper
1/2 ui
75 ml droge witte wijn
75 ml vleesbouillon
100 g slagroom
15 g gorgonzola
3 EL geraspte Bel Paese
3 EL geraspte parmezaanse kaas
3 EL geraspte Fontina
wat citroensap, suiker
2 EL fijngehakte peterselie

1. De kalfsfilet in dunne reepjes snijden. Snel bruin bakken in de olie. Kruiden met peper, zout en cayennepeper. Uit de pan nemen en warm houden.

2. De ui fijnsnipperen en in de resterende olie glazig fruiten. Blussen met de wijn. Vleesbouillon en slagroom toevoegen en de saus aan de kook brengen.

3. Al roerend de kaas in de saus laten smelten. De saus flink kruiden en het vlees erin opwarmen. Bestrooien met de fijngehakte peterselie.

Scaloppina van lamsvlees

- Bereidingstijd: ca. 1/2 uur
- ca. 400 kcal per portie
- Serveren met rijst

1 venkelknol
3 EL olijfolie
1 EL wijnazijn
zout
zwarte peper
1 EL rozijnen
300 g gefileerde lamsrug
6 gevulde olijven
1 teentje knoflook
1 EL fijngehakte sjalotten
3 EL boter
sap van 1 citroen

1. De venkelknol afspoelen en in dunne reepjes snijden. Het groen fijnhakken. De reepjes overgieten met een dressing van 3 eetlepels olie, azijn, zout, peper en rozijnen.

2. Het lamsvlees in 4 plakken snijden en daar platte schnitzels van kloppen. Bestrooien met peper en zout en even aan weerskanten in 2 eetlepels olie bakken.

3. De olijven dwars in plakjes snijden. Het knoflookteentje fijnsnipperen en met de sjalotten in de boter fruiten. Kruiden met citroensap, peper en zout en dan over het vlees doen. Opdienen met de venkelsalade.
(op de foto: boven)

Piccata van lamsvlees

- Bereidingstijd: ca. 3/4 uur
- ca. 440 kcal per portie
- Serveren met spaghetti

300 g gefileerde lamsrug
zout, zwarte peper
1 TL bloem
100 g eekhoorntjesbrood
1 EL fijngehakte ui
2 EL boter
2 tomaten
1/8 l lamsfond (pot) of vleesbouillon
1 ei
40 g geraspte parmezaanse kaas
3 EL olijfolie
1 EL fijngehakte peterselie

1. Het vlees in 8 plakken snijden en die platslaan. Inwrijven met peper en zout en bestuiven met bloem.

2. De paddestoelen afwrijven met een vochtig doekje en in plakjes snijden. Dan samen met de helft van de ui in 1 eetlepel boter fruiten. Bestrooien met peper en zout.

3. Voor de saus de tomaten ontvellen en in stukjes snijden. Met de rest van de ui fruiten in 1 eetlepel boter. De lamsfond erbij schenken en op smaak brengen met peper en zout.

4. Ei en parmezaanse kaas door elkaar roeren en de schnitzels hierin wentelen. In de hete olie aan weerskanten 1 minuut bakken. Opdienen met de saus en de paddestoelen.
(op de foto: onder)

SNEL KLAAR • ZEER VERFIJND

KOST TIJD • PITTIG, VERFIJND

Rumpsteak met tomatensaus

- Bereidingstijd: ca. 1/2 uur
- ca. 670 kcal per portie
- Serveren met courgette

2 rumpsteaks à 200 g
2 EL olie
2 teentjes knoflook
1 ui
2 EL citroensap
1/8 l witte wijn
4 tomaten
1 EL fijngehakte basilicum
zout, versgemalen peper

1. De rumpsteaks in de hete olie medium bakken, uit de pan nemen en warm houden.

2. De teentjes knoflook en de ui fijnsnipperen en in de resterende olie glazig fruiten. Blussen met wijn en citroensap en iets laten inkoken.

3. De tomaten ontvellen, kleinsnijden, en even meefruiten met de ui. De basilicum erdoor roeren en op smaak brengen met peper en zout.

4. De steaks bestrooien met peper en zout en opdienen met de saus.
(op de foto: boven)

Kalfsvlees in roomsaus

- Bereidingstijd: ca. 3/4 uur
- ca. 900 kcal per portie
- Serveren met aardappelkroketjes

300 g kalfsfilet
3 EL reuzel
50 g doorregen, gerookt spek
1 ui
1/2 bosje lente-uitjes
2 tomaten
1 EL bloem
1/8 l witte wijn
1/8 l vleesbouillon
125 g room
zout, versgemalen peper
een paar druppels Worcestersaus
1 EL honing
3 EL citroensap, 2 eidooiers

1. Het kalfsvlees in reepjes snijden, snel bruin bakken in de olie, uit de pan nemen en warm houden. Het spek in dobbelsteentjes snijden en in de resterende olie uitbakken.

2. De ui fijnsnipperen en de lente-uitjes fijnsnijden, toevoegen en alles glazig fruiten. De tomaten ontvellen, in stukjes snijden, aan de groenten toevoegen. Bestuiven met bloem. De witte wijn en de vleesbouillon erbij schenken.

3. Op matig vuur 5 minuten zachtjes laten koken, de room toevoegen. Het vlees erbij doen en langzaam verhitten. Op smaak brengen met peper, zout, Worcestersaus en honing.

4. Citroensap en eidooiers door elkaar roeren, bij het vlees doen, goed door elkaar mengen en direct van het vuur nemen.
(op de foto: onder)

SNEL KLAAR • **HARTIG**

KOST TIJD • **KRUIDIG**

Gevulde runderfilet

- Bereidingstijd: ca. 3/4 uur
- ca. 800 kcal per portie
- Serveren met aardappelen

400 g runderfilet
70 g Parmaham, in plakjes
70 g gorgonzola
1 TL groene peperkorrels
3 EL olie
2 EL boter of margarine
50 g doorregen spek
2 teentjes knoflook
zout
1 ui
4 tomaten
1/8 l vleesbouillon
1 TL tijm
zout, zwarte peper
2 EL citroensap

1. De oven voorverwarmen op 220 °C. Het rundvlees aan één kant in de lengte opensnijden. In de opening ham en kaas leggen en peperkorrels strooien. Het vlees weer terugvouwen en vastbinden als een rollade.

2. Het vlees aan alle kanten snel bruin bakken en 1/2 uur in de oven zetten.

3. Intussen het spek in dobbelsteentjes snijden en uitbakken in eigen vet. De knoflook fijnwrijven met zout, de ui fijnsnipperen en beide aan het spek toevoegen en glazig fruiten.

4. De tomaten ontvellen, in stukjes snijden en met de bouillon bij de ui doen. Op smaak brengen met tijm, peper, zout en citroensap. Het vlees in plakken snijden, bestrooien met wat peper en zout en de saus erover scheppen.

Goulash in melksaus

- Bereidingstijd: ca. 2 uur
- ca. 710 kcal per portie
- Serveren met macaroni

400 g varkensnek zonder been
3 EL olie
1 teentje knoflook
1/2 TL zout
2 uien
400 ml warme melk
100 g champignons
1 TL rozemarijn
versgemalen peper
1 EL fijngehakte peterselie

1. Het vlees in dobbelsteentjes snijden. Aan alle kanten bruin bakken in de hete olie. De knoflook fijnwrijven met zout en toevoegen. De uien in plakjes snijden en meefruiten. De warme melk erbij schenken en alles met het deksel op de pan op laag vuur ongeveer 50 minuten zachtjes laten koken.

2. De champignons in plakjes snijden en bij de goulash doen. Op smaak brengen met rozemarijn, peper en zout.

3. Op hoog vuur zonder deksel al roerend laten koken, tot er een romige saus is ontstaan. Bestrooien met peterselie.

Zondagse kip

- Bereidingstijd: ca. 2 1/4 uur
- ca. 900 kcal per portie
- Serveren met gekruide rijst

1 kip
1 kippemaag
1 kippelever
2 EL olie, 1 ui
50 g gekookte ham
200 g ontvelde tomaten (blik)
75 g paneermeel
50 g geraspte pecorino
30 g sultana-rozijnen
1 ei
1/2 TL geraspte schil van een onbespoten citroen
1 TL oregano
1 fijngehakt teentje knoflook
zout, witte peper
2 EL boter of margarine
1/2 TL paprikapoeder
1/8 l vleesbouillon

1. De kip van binnen en van buiten inwrijven met peper en zout.

2. De lever en de maag kleinsnijden en even in de olie bakken.

3. De ui fijnsnipperen, de ham in dobbelsteentjes snijden en even meefruiten. De tomaten zeven en bij de ham schenken.

4. Laten afkoelen. Onder toevoeging van paneermeel, kaas, sultana-rozijnen en ei tot een compacte massa bewerken. Kruiden met citroenrasp, oregano, knoflook, peper en zout.

5. De oven voorverwarmen op 200 °C. De kip vullen met de massa en dichtnaaien. De boter laten smelten en het paprikapoeder erdoor roeren. Hiermee de kip bestrijken.

6. Ongeveer 70 minuten in de oven of onder de grill zetten. Regelmatig bestrijken met de gesmolten boter. Blussen met de vleesbouillon.
(op de foto: boven)

Kalkoenschnitzel in champignonsaus

- Bereidingstijd: ca. 1/2 uur
- ca. 880 kcal per portie
- Serveren met groene lintmacaroni

2 kalkoenschnitzels à 200 g
zout, zwarte peper
3 EL bloem
2-3 EL boter of margarine
1 ui
150 g verse champignons
sap van 1/2 citroen
75 ml witte wijn
200 g room
75 g geraspte pecorino
1 snufje muskaatnoot

1. De schnitzels inwrijven met peper en zout, door de bloem wentelen en in de boter aan elke kant ongeveer 3 minuten bakken. Uit de pan nemen en warm houden.

2. De ui fijnsnipperen en in de resterende boter glazig fruiten. De champignons toevoegen en even meefruiten.

3. Blussen met citroensap en witte wijn. De room erbij schenken en zachtjes laten koken tot de saus gebonden is. De geraspte kaas al roerend in de saus laten smelten.

4. Van het vuur af op smaak brengen met peper, zout en muskaatnoot. De kalkoenschnitzels in de saus serveren.
(op de foto: onder)

TIJDROVEND • ZEER VERFIJND

SNEL KLAAR • PITTIG, VERFIJND

Kippebouten "Lucia"

- Bereidingstijd: ca. 1 uur
- ca. 490 kcal per portie
- Serveren met spaghetti

4 kleine kippebouten
zout, zwarte peper
1 TL oregano
1 fijngehakt teentje knoflook
1 EL geraspte schil van een onbespoten citroen
bloem
2 EL olijfolie
1 ui
1 winterpeen
1 stengel selderij, 1 prei
1/4 - 1/2 l rode wijn
1 laurierblad
een paar peperkorrels
1 takje rozemarijn
1 takje tijm

1. De kippebouten inwrijven met peper, zout, oregano, knoflook en citroenrasp. De oven voorverwarmen op 180 °C.

2. De kippebouten door de bloem wentelen en in een braadpan aan alle kanten bruin bakken in de olie.

3. De groenten kleinsnijden en even meebakken. De rode wijn erbij schenken, laurierblad, peperkorrels, rozemarijn en tijm toevoegen.

4. In de oven met het deksel op de pan ongeveer 1 uur laten sudderen. Eventueel nog wat rode wijn toevoegen.

Kalfslever in pikante saus

- Bereidingstijd: ca. 3/4 uur
- ca. 570 kcal per portie
- Serveren met kerrierijst

2 plakken kalfslever à 150 g
zout
zwarte peper
1/2 TL salie
2 EL bloem
1 teentje knoflook
1 EL boter
2 tomaten
50 g gerookt spek
1 ui
1 preitje
100 ml droge rode wijn
100 ml gebonden braadsaus
wat paprikapoeder en cayennepeper
suiker

1. De lever kruiden met peper, zout en salie en door de bloem wentelen.

2. De knoflook fijnsnipperen en in een koekepan in de boter verhitten. Hierin de lever aan weerskanten 3 minuten bakken. Warm houden.

3. De tomaten ontvellen en in stukjes snijden. Het spek fijnsnijden en in het braadvet glazig bakken. Ui en prei fijnsnipperen, toevoegen en 10 minuten meefruiten.

4. De tomaten, de wijn en de braadsaus aan de groenten toevoegen en 10 minuten laten inkoken. De saus pittig kruiden. De kalfslever opdienen in de saus.

Wijting in saffraansaus

- Bereidingstijd: ca. 1/4 uur
- ca. 380 kcal per portie
- Serveren met gekookte aardappelen

1/8 l droge witte wijn
1/8 l vleesbouillon
1 met kruidnagels bestoken ui
2 EL citroensap
2 stukken wijting- of kabeljauwfilet à 200 g
1 ui
1 EL boter
2 TL bloem
80 g slagroom
zout, versgemalen peper
1 msp. suiker
1 msp. saffraan
1 EL fijngehakte dille

1. Witte wijn, vleesbouillon, citroensap en de bestoken ui in een pan verhitten.

2. De visfilets hierin leggen en op matig vuur in 10 minuten gaar laten worden. Uit de pan nemen en warm houden.

3. De ui fijnsnipperen en glazig fruiten in de boter. De bloem toevoegen. De gezeefde visbouillon en de slagroom toevoegen en in laten koken. De saus op smaak brengen met zout, peper, suiker en saffraan. De vis opdienen in de saus, bestrooid met dille.

Heilbot uit de oven

- Bereidingstijd: ca. 1/2 uur
- ca. 840 kcal per portie
- Serveren met risotto

2 stukken heilbot à 250 g
zout, witte peper
sap van 1 citroen
8 lente-uitjes
2 EL boter of margarine
1/2 TL tijm
1/8 l witte wijn
200 g room
50 g rauwe ham
50 g geraspte kaas

1. De oven voorverwarmen op 250 °C. De graat uit de heilbot verwijderen. De vis besprenkelen met citroensap en bestrooien met peper en zout.

2. De lente-uitjes in plakjes snijden en in een braadpan fruiten in de boter. Bestrooien met tijm, blussen met witte wijn. De room toevoegen. Kruiden met peper en zout.

3. Hierop de heilbot leggen en met het deksel op de pan 1/4 uur in de oven zetten.

4. De ham in reepjes snijden. Vlak voor het einde van de kooktijd aan de vis toevoegen. Alles bestrooien met kaas en zonder deksel terugzetten in de oven, tot de kaas goudgeel is.

Saltimbocca met vis

- Bereidingstijd: ca. 1/2 uur
- ca. 430 kcal per portie
- Serveren met tagliatelle

500 g kabeljauw-, of zeeduivelfilet
zout, witte peper
6 blaadjes salie
6 dunne plakjes Parmaham
4 tomaten
1 kleine ui
1 teentje knoflook
4 EL olijfolie
3-4 EL tomatensap
1 EL fijngehakte salie
2 EL fijngehakte dragon

1. De vis in 6 stukken snijden. Kruiden met peper en zout. Op elk stuk 1 blaadje salie en 1 plakje ham leggen.

2. De tomaten ontvellen en in stukjes snijden. De ui en de knoflook fijnsnipperen. De helft van de olie verhitten en hierin de ui en de knoflook fruiten. De tomaten toevoegen, kruiden met peper en zout. Er wat tomatensap bijschenken. De kruiden aan de saus toevoegen en nog even laten koken.

3. De visfilets aan weerskanten 4 tot 6 minuten in de hete olie bakken. Opdienen in de saus.
(op de foto: boven)

Inktvisringen in tomatensaus

- Bereidingstijd: ca. 3/4 uur
- ca. 330 kcal per portie
- Serveren met rijst

300 g ongepaneerde inktvisringen
1-2 EL olijfolie
1 teentje knoflook
1 ui
1/8 l witte wijn
2 tomaten
400 g tomaten (blik)
1/2 TL fijngehakte basilicum
1 EL tomatenpuree
zout
zwarte peper
wat cayennepeper, paprikapoeder en suiker

1. De inktvisringen afspoelen onder stromend water en droogdeppen. De inktvisringen bakken in de olie.

2. Knoflook en ui fijnsnipperen en toevoegen. Even meefruiten en dan blussen met witte wijn.

3. De verse tomaten ontvellen, in stukjes snijden en tegelijk met de ontvelde, geprakte tomaten toevoegen. Pittig kruiden en op matig vuur laten sudderen tot de inktvisringen zacht zijn.
(op de foto: onder)

SNEL KLAAR • **VERFIJND**

KOST TIJD • **PITTIG, VERFIJND**

Fruits de mer in tomatensaus

- Bereidingstijd: ca. 1 uur
- ca. 540 kcal per portie
- Serveren met stokbrood

300 g fruits de mer (inktvis, mosselen, visfilet)
zout, zwarte peper
citroensap
Worcestersaus
1/2 ui
1 wortel
1 stengel bleekselderij
1/4 rode en 1/4 groene paprika
1 EL olijfolie
1 teentje knoflook
1 TL geraspte schil van een onbespoten citroen
250 g ontvelde tomaten (blik)
350 ml groentebouillon
2 EL pijnboompitten
een beetje azijn, 1 msp. suiker

1. De fruits de mer afspoelen en marineren in citroensap, Worcestersaus, peper en zout.

2. De groenten kleinsnijden en fruiten in de olie. Fijngesnipperde knoflook, citroenrasp en tomaten toevoegen. De bouillon erbij schenken.

3. De pijnboompitten en de fruits de mer toevoegen en 1/4 uur zachtjes laten sudderen. Afmaken met kruiden.

Tip:
Wie van zoet houdt, kan tegelijk met de pijnboompitten 2 eetlepels sultana-rozijnen toevoegen.
(op de foto: boven)

Gebakken gamba's

- Bereidingstijd: ca. 1/2 uur
- Marineren: ca. 1/4 uur
- ca. 630 kcal per portie
- Serveren met geroosterd wittebrood

6-8 gamba's
1/2 TL zout
1 teentje knoflook
4 EL olijfolie
1/2 TL oregano
1/2 TL fijngehakte basilicum
50 g boter of margarine
sap van 1 citroen
een paar druppels Worcestersaus
witte peper
3 EL fijngehakte groene kruiden

1. De gamba's onder stromend water afspoelen, pellen en schoonmaken. Dan nogmaals afspoelen, goed laten uitlekken en in een schaal leggen.

2. De knoflook fijnwrijven met zout, vermengen met olijfolie, oregano en basilicum en gelijkmatig over de gamba's verdelen. 10 tot 15 minuten in de koelkast marineren.

3. De boter of margarine verhitten in een koekepan en hierin snel de gamba's bakken. Blussen met citroensap en flink kruiden met Worcestersaus, peper en zout. De groene kruiden erdoor scheppen.
(op de foto: onder)

KOST TIJD • **PITTIG**

SNEL KLAAR • **VERFIJND**

PIZZA, PASTA EN RISOTTO

Een pizza was oorspronkelijk niet meer dan een plat brood, dat vers uit de oven met olie werd bestreken en bij het ontbijt werd gegeten. Wat er van dit "brood" te maken valt, laten de volgende recepten zien. De vele soorten pasta, gecombineerd met vlees, vis of groente, zijn bij ons al bijna net zo populair als in Italië. Pastagerechten zijn makkelijk klaar te maken, lichtverteerbaar en lekker. Ook bij de bereiding van rijst kent de Italiaanse keuken geen beperkingen.

Pizza van het huis

- Bereidingstijd: ca. 1 uur
- ca. 550 kcal per portie
- Serveren met een glas volle, rode wijn

Voor het deeg:
recept gistdeeg (blz. 42)

Voor de gehaktsaus:
2 EL olijfolie
1 fijngesnipperd teentje knoflook
125 g gemengd gehakt
1/2 fijngesnipperde ui
1 worteltje, in dobbelsteentjes
1/2 fijngesneden prei
1 EL tomatenpuree
200 g ontvelde tomaten (blik)
zout, versgemalen peper
1 msp. suiker
1/2 TL fijngehakte basilicum
1/2 TL oregano

Voor het beleg:
2 tomaten, ontveld
50 g ham, in blokjes
3 EL gemengde olijven
4 artisjokharten (blik)
50 g gerookt spek

- 1 EL olijfolie
- 4 fijngesneden lente-uitjes
- 150 g verse cantharellen
- zout, versgemalen peper
- 1 snufje muskaatnoot
- 100 g mozzarella, in plakjes
- 25 g geraspte parmezaanse kaas
- 1 EL fijngeknipte bieslook

1. Een gistdeeg bereiden volgens het recept van pagina 42 en laten rijzen.

2. Intussen voor de saus de olijfolie verhitten, knoflook en gehakt toevoegen en snel bruin braden. De groenten even meebakken. Tomatenpuree en tomaten toevoegen, en 15 tot 20 minuten laten sudderen tot de saus gebonden is. Dan op smaak brengen.

3. De oven voorverwarmen op 180 °C. Van het gistdeeg twee ronde, platte lappen vormen en die op een ingevet bakblik leggen. De rand van het deeg omhoog duwen.

4. De gehaktsaus op het deeg scheppen. De tomaten in plakjes snijden en erop leggen, evenals de ham, de olijven en de artisjokharten.

5. Het spek in stukjes snijden en uitbakken in olie. De lente-uitjes fruiten en de cantharellen meefruiten. Kruiden met peper, zout en muskaatnoot. Na 10 minuten van het vuur halen en laten afkoelen.

6. Het paddestoelenmengsel gelijkmatig over de deeglappen verdelen, de mozzarella erop leggen, de parmezaanse kaas erover strooien en 15 tot 20 minuten in de oven zetten. Bestrooien met bieslook.

KOST TIJD
KRUIDIG

Pizza met fruits de mer

- Bereidingstijd: ca. 1 1/4 uur
- Rijzen: ca. 1 uur
- ca. 800 kcal per portie
- Serveren met een stevig glas witte wijn

Voor het deeg:
200 g bloem
20 g verse gist
1 TL suiker
1/8 l lauwwarm water
1/2 TL zout
2 EL olijfolie

Voor het beleg:
2 EL olie
1 teentje knoflook
2 uien
50 g schoongemaakte mosselen, 50 g garnalen, 50 g inktvis
400 g ontvelde tomaten (blik)
1 EL fijngehakte oregano
1 EL fijngehakte tijm
1/2 TL zout, witte peper
50 g ontpitte, zwarte olijven
1 EL kappertjes
100 g mozzarella

1. Voor het deeg de bloem zeven in een schaal, een kuiltje in de bloem maken, de gist hierin brokkelen, de suiker erover strooien. (foto 1)

2. Water erbij schenken, afdekken en minstens 1/2 uur op een warme plaats laten rijzen. (foto 2)

3. Zout en olijfolie toevoegen, een soepel deeg kneden en nogmaals 1/2 uur laten rijzen. (foto 3)

4. Intussen voor het beleg de olie verhitten in een pan. Knoflook en ui fijnsnipperen en glazig fruiten.

5. Mosselen, garnalen en inktvis toevoegen en even meefruiten. De tomaten toevoegen en alles met het deksel op de pan op matig vuur ongeveer 25 minuten laten sudderen, tot de saus gebonden is.

6. De oven voorverwarmen op 220 °C. Oregano en tijm door de saus roeren. Op smaak brengen met peper en zout.

7. Het deeg op een met bloem bestoven werkvlak nogmaals goed doorkneden. Dan doorsnijden (foto 4) en uitrollen tot twee ronde, platte lappen. Op een ingevet bakblik leggen.

8. De saus op het deeg scheppen, de olijven, kappertjes en kaas erover strooien. 20 tot 25 minuten in de oven zetten.

1

2

1. Een kuiltje maken in de bloem en hierin de gist brokkelen.
2. Water erbij schenken en laten rijzen.
3. Een soepel deeg kneden en nogmaals laten rijzen.
4. In porties verdelen.

3

4

Pizza met groenten

- Bereidingstijd: ca. 1 uur
- Rijzen: ca. 1 uur
- ca. 960 kcal per portie
- Serveren met droge witte wijn

1 recept gistdeeg (blz. 42)
1 EL olie om in te vetten
5 EL olijfolie
2 EL tomatenpuree
4 tomaten, ontveld
4 lente-uitjes
50 g peultjes
1 winterpeen
50 g bleekselderij
1 kleine courgette
70 ml witte wijn
1 TL tijm
zout, versgemalen peper
1 snufje muskaatnoot
sap van 1 citroen
een paar druppels Worcestersaus
100 g geraspte provolone

1. Het gistdeeg bereiden volgens het recept van pagina 42. Het deeg doorkneden, halveren, uitrollen tot twee ronde, platte lappen en die op een ingevet bakblik leggen. Bestrijken met 2 eetlepels olie, daarna met tomatenpuree. De tomaten in plakjes snijden en erop leggen.

2. De groenten in plakjes snijden en fruiten in de resterende olie. Blussen met witte wijn, op smaak brengen met tijm, kruiden, citroensap en Worcestersaus. Ongeveer 10 minuten laten smoren. De oven voorverwarmen op 180 °C.

3. Het afgekoelde beleg over het deeg verdelen. Bestrooien met kaas en 20 minuten in de oven zetten.

Focaccia

- Bereidingstijd: ca. 3/4 uur
- Rijzen: ca. 1 uur
- ca. 900 kcal per portie
- Serveren met een lichte rode wijn

1 recept gistdeeg (blz. 42)
1 EL olie om in te vetten
50 g rauwe ham
16 groene, gevulde olijven
16 zwarte olijven
2 teentjes knoflook
4 EL olijfolie
1 eidooier
1 EL melk
1 TL komijn
1 TL zout
1 TL koriander

1. Het gistdeeg bereiden volgens het recept van pagina 42, doorkneden, halveren, uitrollen tot twee ronde, platte lappen en die op een ingevet bakblik leggen. De oven voorverwarmen op 200 °C.

2. De ham in reepjes snijden en met de olijven in het deeg drukken. De knoflook ook in reepjes snijden en die tussen de ham en de olijven steken.

3. De pizza's bestrijken met olijfolie en ongeveer 20 minuten in de oven zetten.

4. De eidooier door de melk klutsen en hiermee het deeg 5 minuten voor het einde van de kooktijd bestrijken. Bestrooien met komijn, zout en koriander.

Tip:
Zet een goede olijfolie op tafel, zodat men naar eigen smaak wat over zijn pizza kan druppelen.

Pizza met tonijn en olijven

- Bereidingstijd: ca. 1 uur
- Rijzen en afkoelen: ca. 1 uur
- ca. 1460 kcal per portie
- Serveren met droge, rode wijn

Voor het deeg:
200 g bloem
1/2 TL bakpoeder
1/2 TL zout
1 TL suiker
80 g boter of margarine
1 eidooier

Voor het beleg:
50 g gerookt spek
1 EL olijfolie
1/2 bosje lente-uitjes
75 g champignons
250 g ontvelde tomaten (blik)
zout, versgemalen peper
1 EL fijngehakte oregano
1/2 TL maïszetmeel
200 g tonijn in olie
50 g gemengde olijven
een paar ingelegde Spaanse pepers
100 g geraspte emmentaler kaas

1. Voor het deeg de bloem zeven op een werkvlak. Bakpoeder, zout, suiker, stukjes boter (margarine) en eidooier in het kuiltje doen. Snel van buiten naar binnen werkend een compact deeg kneden. Het deeg, gewikkeld in een vochtige doek, minstens 1 uur in de koelkast laten rusten.

2. Intussen voor het beleg het spek fijnsnijden en uitbakken in de olie. De lente-uitjes fijnsnijden en de champignons in plakjes snijden, toevoegen en meefruiten.

3. Blussen met de tomaten. Flink kruiden met peper, zout en oregano. Binden met wat aangelengd maïszetmeel, van het vuur nemen en laten afkoelen.

4. De oven voorverwarmen op 180 °C. Het deeg uitrollen tot twee ronde, platte lappen en die op een ingevet bakblik leggen. Het champignonmengsel erover verdelen.

5. De pizza's garneren met de uitgelekte tonijn, de olijven en de Spaanse pepers en bestrooien met de emmentaler kaas. 1/2 uur in de oven zetten.

Variaties:
U kunt de pizza natuurlijk ook bereiden volgens het recept van pagina 42.
Het in dit recept beschreven deeg is ook heel geschikt voor een pizza met vier soorten kaas. Hiervoor bereidt u het deeg zoals boven beschreven en rolt het uit tot dunne, ronde lappen. Dan fruit u 150 g spek en 1 grote fijngesnipperde ui in 1 eetlepel olie. U voegt 100 g champignons in plakjes toe en fruit die even mee. U brengt alles op smaak met peper, een mespuntje suiker en wat zout en verdeelt het over het deeg. Dan bestrooit u telkens een kwart van de pizza achtereenvolgens met stukjes gorgonzola, geraspte parmezaanse kaas, geraspte pecorino en geraspte Bel Paese. U bakt de pizza's ongeveer 20 minuten in de oven bij 180 °C.

Ravioli met vleessaus

- Bereidingstijd: ca. 1/2 uur
- ca. 780 kcal per portie
- Serveren met groene salade met vinaigrette

1/2 ui
1/2 teentje knoflook
1 kruidnagel
3 EL olijfolie
150 g gemengd gehakt
4 EL rode wijn
400 g ontvelde tomaten (blik)
zout
250 g verse ravioli of penne
25 g geraspte parmezaanse kaas
versgemalen peper

1. De ui en de knoflook fijnsnipperen en met de kruidnagel fruiten in de olijfolie. Het vlees toevoegen, blussen met de wijn en laten inkoken tot de wijn verdampt is.

2. De tomaten pureren, aan het vlees toevoegen, zout erover strooien en 1 uur laten sudderen. Af en toe roeren en eventueel wat water toevoegen.

3. Intussen de ravioli beetgaar koken. De ravioli door de saus mengen en bestrooien met parmezaanse kaas.
(op de foto: boven)

Groene lintmacaroni met tomatensaus

- Bereidingstijd: ca. 3/4 uur
- ca. 580 kcal per portie
- Serveren met droge rode wijn

1 ui
1 fijngehakt teentje knoflook
1/2 rode paprika
1 prei
50 g spek
2 EL boter of margarine
1 scheutje witte wijn
3 tomaten
150 g crème fraîche
1/2 TL oregano
zout, versgemalen peper
200 g groene lintmacaroni
2 EL fijngeknipte bieslook

1. De ui en de knoflook fijnsnipperen. Paprika, prei en spek in stukjes snijden.

2. De stukjes groenten en spek met de knoflook fruiten in de boter. De witte wijn erbij schenken en alles ongeveer 1/4 uur laten pruttelen.

3. Intussen de tomaten ontvellen en in stukjes snijden. De crème fraîche en de oregano erdoor roeren en kruiden met peper en zout.

4. Het tomatenmengsel door de groenten scheppen en alles nogmaals 8 minuten laten pruttelen. Intussen de macaroni beetgaar koken, afspoelen onder koud water en op de borden scheppen.

5. De tomatensaus afmaken op smaak, over de groene lintmacaroni scheppen en bestrooien met bieslook.
(op de foto: onder)

SNEL KLAAR • **KRUIDIG**

KOST TIJD • **ZACHT**

Spaghetti Siciliana

- Bereidingstijd: ca. 1/2 uur
- ca. 600 kcal per portie
- Serveren met andijviesalade

400 g ovale tomaten of tomaten uit blik
zout
1 teentje knoflook
5 blaadjes basilicum
versgemalen peper
250 g spaghetti
3 EL olijfolie
50 g geraspte parmezaanse kaas

1. De tomaten ontvellen en in stukjes snijden. Tomaten uit blik door een zeef drukken en een beetje zout toevoegen.

2 De knoflook en de helft van de basilicumblaadjes toevoegen. Het geheel op laag vuur ongeveer 1/2 uur zachtjes laten koken, daarbij regelmatig roeren tot het vocht verdampt is. Dan op smaak brengen met peper.

3 Intussen de spaghetti beetgaar koken, laten uitlekken en over de borden verdelen. De olijfolie erover schenken en de parmezaanse kaas erover strooien. Garneren met de rest van de basilicum.
(op de foto: boven)

Spaghetti met pestosaus

- Bereidingstijd: ca. 1 uur
- Rusten: ca. 11/2 uur
- ca. 570 kcal per portie
- Serveren met groene salade

50 g verse basilicumblaadjes
1 EL pijnboompitten
1 teentje knoflook
3 EL olijfolie
25 g geraspte pecorino
25 g geraspte parmezaanse kaas
zout, versgemalen peper
180 g spaghetti

1. Basilicumblaadjes, pijnboompitten en knoflook pureren met een beetje olijfolie. Afwisselend 1 lepel pecorino en parmezaanse kaas, en 1 lepel olie toevoegen, steeds herhalen tot de olie en de kaas op zijn. Intussen steeds mengen met de mixer.

2. Op smaak brengen met peper en zout en zorgvuldig roeren. De pesto minstens 1 uur laten rusten.

3. De spaghetti beetgaar koken en laten uitlekken. De pesto au bain marie verwarmen. De pesto verdunnen met een beetje kooknat van de spaghetti.

4. De pesto door de spaghetti roeren en er apart wat geraspte pecorino bij geven.

Tip:
Als u de traditionele pesto uit Genua wil bereiden, moet u de knoflook, de pijnboompitten en de basilicum in een vijzel fijnwrijven, het mengsel overdoen in een schaal en dan verder bewerken met een houten lepel. Onder een laagje olijfolie kan pesto in een glazen pot een tijdje in de koelkast bewaard worden.
(op de foto: onder)

SNEL KLAAR • **FRUITIG**

KOST TIJD • **ZACHT**

Tagliatelle met eekhoorntjesbrood

- Bereidingstijd: ca. 1/2 uur
- ca. 570 kcal per portie
- Serveren met veldsla met vinaigrette

1 teentje knoflook
een paar muntblaadjes
2 EL olijfolie
200 g eekhoorntjesbrood
1/8 l groentebouillon
zout, versgemalen peper
100 g groene en 100 g gele tagliatelle
125 g slagroom
50 g geraspte parmezaanse kaas

1. Het knoflookteentje uitpersen en samen met de muntblaadjes 5 minuten in de olijfolie fruiten. Daarna verwijderen.

2. De paddestoelen in grove stukken snijden en fruiten in de olie. De groentebouillon erbij schenken en alles nog 5 minuten laten sudderen. Eventueel nog wat bouillon toevoegen. Op smaak brengen met peper en zout.

3. De tagliatelle beetgaar koken, laten uitlekken en aan de paddestoelen toevoegen. De slagroom en de parmezaanse kaas erdoor scheppen.

Variatie:
Als u geen eekhoorntjesbrood kunt krijgen, kunt u dit recept ook met oesterzwammen maken.

Farfalle met zalm

- Bereidingstijd: ca. 1/4 uur
- ca. 650 kcal per portie
- Serveren met tomatensalade

180 g farfalle
20 g boter
1 kleine ui
100 g gerookte zalm
2 EL olijfolie
1 EL citroensap
2 EL cognac
1/8 l room
zout, versgemalen peper

1. De farfalle beetgaar koken, laten uitlekken, overdoen in een schaal en omschudden met een klontje boter.

2. De ui fijnsnipperen. De zalm in reepjes snijden.

3. De olijfolie en de helft van de boter verhitten, de ui en de helft van de zalm toevoegen en ongeveer 5 minuten fruiten. Citroensap en cognac erdoor roeren.

4. De rest van de zalm door de room scheppen en in een tweede pan verwarmen. De twee zalmsauzen over de farfalle scheppen en op smaak brengen met peper en zout.

Risotto met cantharellen

- Bereidingstijd: ca. 3/4 uur
- ca. 700 kcal per portie
- Serveren met droge witte wijn

1 ui
3 EL boter of margarine
150 g rondkorrelige rijst
1/8 l witte wijn
ca. 300 ml vleesbouillon
zout, versgemalen peper
50 g doorregen, gerookt spek
150 g cantharellen
2 tomaten
4 EL fijngehakte peterselie
80 g room

1. De ui fijnsnipperen en fruiten in 2 eetlepels boter. De rijst toevoegen en even meefruiten.

2. De witte wijn erbij schenken en zonder deksel laten verdampen. De helft van de vleesbouillon toevoegen en op matig vuur zachtjes laten koken. Regelmatig roeren en beetje voor beetje de rest van de bouillon toevoegen.

3. Na ongeveer 18 tot 20 minuten is de risotto klaar. Op smaak brengen met peper en zout.

4. Intussen het spek fijnsnijden en in 1 eetlepel boter uitbakken.

5. De cantharellen toevoegen en even meefruiten. De tomaten ontvellen, in stukjes snijden en bij de paddestoelen doen.

6. De peterselie en de room toevoegen en alles ongeveer 5 minuten zachtjes laten koken. De paddestoelenragoût door de rijst scheppen en nogmaals op smaak brengen.
(op de foto: boven)

Risotto met kip

- Bereidingstijd: ca. 3/4 uur
- ca. 440 kcal per portie
- Serveren met droge rode wijn

1 ui
1 EL boter of margarine
1 stuk kippeborst
1/2 rode en 1/2 groene paprika
150 g rondkorrelige rijst
1/8 l rode wijn
1 TL paprikapoeder
1/2 TL kerriepoeder
1 EL tomatenpuree
1 EL gedroogde rozemarijn
ca. 300 ml vleesbouillon
100 g erwten (diepvries)
zout, witte peper

1. De ui fijnsnipperen en glazig fruiten in de boter. Het kippevlees in dobbelsteentjes snijden, toevoegen en snel bruin braden.

2. De paprika's in dobbelsteentjes snijden en even meefruiten. Dan de rijst toevoegen en even meefruiten.

3. Paprikapoeder, kerriepoeder en tomatenpuree door de rode wijn roeren en dit aan de rijst toevoegen. Kruiden met de rozemarijn.

4. Dan de helft van de vleesbouillon erbij schenken, de erwten toevoegen en alles zonder deksel op matig vuur zachtjes laten koken. Regelmatig roeren en beetje bij beetje de rest van de bouillon erbij schenken.

5. Na ongeveer 18 tot 20 minuten is de risotto klaar. Op smaak brengen met peper en zout.
(op de foto: onder)

KOST TIJD • **VERFIJND**

KOST TIJD • **PITTIG**

DESSERTS

Er wordt beweerd, dat ijs is uitgevonden door de Italianen. Maar dat ze niet alleen ware meesters zijn in het bereiden van ijs, bewijst hun tiramisu en de vele soorten zabaione.

Meloencocktail

- Bereidingstijd: ca. 1 uur
- ca. 400 kcal per portie
- Serveren met lange vingers

75 g suiker
75 g water
300 g meloen (honing- of watermeloen)
2 EL citroensap
4 cl rum
1 EL citroensap
1 glas witte wijn
1 flesje champagne (0,2 l)

1. Het water met de suiker in een pan flink laten koken. Het vruchtvlees van de meloen met citroensap pureren in een mixer en het afgekoelde suikerwater erdoor kloppen.

2. Het mengsel in een ondiepe schaal in het vriesvak zetten. De sorbet elke 10 minuten met een vork doorroeren, zodat de ijskristallen niet te groot worden.

3. De sorbet in twee hoge cocktailglazen overdoen. De rum met citroensap en witte wijn vermengen en over de glazen verdelen. Aanvullen met ijskoude champagne en direct serveren.

Kwarkpoffertjes met citroensorbet

- Bereidingstijd: ca. 1/4 uur
- ca. 410 kcal per portie
- Serveren met een glaasje amaretto

100 g magere kwark
50 g bloem
1 klein ei
1/2 TL vanillesuiker
1/2 TL geraspte schil van een onbespoten citroen
1 EL suiker
2 EL sinaasappellikeur
boter om te bakken
2 bolletjes citroensorbet of vanilleijs
een paar takjes citroenmelisse

1. De kwark in een doek doen en goed uitwringen. Bloem, ei, vanillesuiker, citroenrasp, suiker en sinaasappellikeur toevoegen en een glad deeg roeren.

2. De boter verhitten in een koekepan. Met een eetlepel kleine bolletjes uitsteken en die op laag vuur goudgeel bakken.

3. Op een schaaltje leggen, citroensorbet of vanilleijs erop leggen en garneren met citroenmelisse.

SNEL KLAAR
LUCHTIG

Spaghetti-ijs met vruchten

- Bereidingstijd: ca. 1/4 uur
- ca. 360 kcal per portie
- Serveren met vruchtensaus

2 sinaasappels
2 kiwi's
2 EL amaretto
125 g vanilleijs
125 g aardbeienijs
1 EL fijngehakte pistaches

1. De sinaasappels en de kiwi's zorgvuldig schillen. Bij de sinaasappels ook het witte gedeelte verwijderen. Het fruit in plakjes snijden, dakpansgewijs op twee borden leggen en besprenkelen met amaretto.

2. De twee ijssoorten apart door een pastamachine drukken en op elk bord "spaghetti-ijs" leggen. Bestrooien met de fijngehakte pistaches.

Tip:
Geef er een frisse vruchtensaus bij van bijvoorbeeld kiwi's of aardbeien. Het fruit schillen, pureren met de staafmixer, zeven en eventueel suiker toevoegen.
(op de foto: boven)

Yoghurtijs met meloen in witte wijnsaus

- Bereidingstijd: ca. 1/4 uur
- ca. 280 kcal per portie
- Serveren met espresso

1/2 blaadje witte gelatine
1/8 l witte wijn
1 TL suiker
1 msp. vanillesuiker
geraspte schil van een 1/4 onbespoten citroen
1/2 honingmeloen
2 grote bolletjes yoghurtijs

1. De gelatine ongeveer 10 minuten laten weken in koud water. De witte wijn verhitten met de suiker, de vanillesuiker en de citroenrasp.

2. De pitjes uit de meloen verwijderen en het vruchtvlees met een bolletjestang uitsteken. De meloenbolletjes koud wegzetten.

3. De gelatine uitknijpen en oplossen in de hete wijnsaus. De saus laten afkoelen.

4. De meloenbolletjes op twee schoteltjes leggen, de witte wijnsaus erover schenken en serveren met 1 bolletje yoghurtijs.

Variatie:
Als u het dessert wil bereiden voor meer personen, is het leuk om verschillende kleuren meloen te nemen. Bijvoorbeeld charentais-, galia-, en watermeloen. Behalve yoghurtijs past er ook vanilleijs of citroensorbet bij.
(op de foto: onder)

SNEL KLAAR • **FRIS**

SNEL KLAAR • **VERFIJND**

Mascarpone met bosbessen

- Bereidingstijd: ca. 1/2 uur
- ca. 580 kcal per portie
- Serveren met bitterkoekjes

Voor de bosbessen:
125 g suiker
2 cl rum
1/8 l water
150 g bosbessen (of uit de diepvries)

Voor de crème:
125 g mascarpone
1 eidooier
30 g poedersuiker
2 EL citroensap
1 pakje vanillesuiker
4 EL geklopte slagroom

1. Het water met de suiker aan de kook brengen en ongeveer 5 minuten laten doorkoken. De suikerkristallen die zich langs de rand van de pan afzetten, steeds weer met een kwastje losmaken. De rum en de bosbessen toevoegen, alles even laten koken en daarna laten afkoelen.

2. In een schaal mascarpone, eidooier, poedersuiker, citroensap en vanillesuiker schuimend kloppen. De geklopte slagroom erdoor scheppen.

3. De crème in een spuitzak met stervormig tuitje doen en rozetten op de borden spuiten. De bosbessensaus erbij schenken.

Tip:
Ook gekoeld kan dit dessert niet lang bewaard worden.

Variatie:
Een vruchtensaus smaakt erg lekker bij mascarponecrème (zie blz. 58).

Tiramisu met chocola

- Bereidingstijd: ca. 1/2 uur
- Koelen: ca. 2 uur
- ca. 450 kcal per portie
- Serveren met cappuccino

1 kleine eidooier
40 g suiker
1 EL geraspte citroenschil
80 g room
40 g pure chocolade
125 g mascarpone
30 g lange vingers
1 EL marsala
1/2 pakje vanillesuiker
cacaopoeder

1. In een schaal de eidooier met de suiker schuimend roeren en de geraspte citroenschil toevoegen.

2. Dan 30 g slagroom verhitten in een pan, de chocolade erin brokkelen en oplossen. Het mengsel door de eidooier kloppen en de mascarpone erdoor scheppen.

3. Een platte ovenschaal beleggen met de lange vingers en die met marsala besprenkelen. Het chocolademengsel erover verdelen. Ongeveer 2 uur in de koelkast zetten.

4. De resterende room stijfkloppen met de vanillesuiker en op de tiramisu spuiten. Bestrooien met cacaopoeder.

Zabaione van bloedsinaasappels

- Bereidingstijd: ca. 1/4 uur
- ca. 120 kcal per portie
- Serveren met lange vingers

60 ml witte wijn
2 EL citroensap
1/8 l sinaasappelsap
1 EL suiker
2 eidooiers
geraspte schil van een 1/2 onbespoten sinaasappel
1 EL cointreau

1. Witte wijn, citroensap, sinaasappelsap, suiker en eidooiers in een schaal doen en au bain marie tot een dikke, schuimige massa kloppen.

2. Sinaasappelrasp en cointreau toevoegen en nogmaals kloppen. Hiermee twee dessertglazen vullen en warm serveren.
(op de foto: boven)

Zabaione met koffielikeur

- Bereidingstijd: ca. 1/4 uur
- ca. 120 kcal per portie
- Serveren met een glaasje amaretto

1 EL gemalen koffie voor Turkse mokka
1/8 l koud water
2 eidooiers
2 EL suiker
4 EL koffielikeur
poederkoffie voor de garnering

1. De gemalen koffie met water aan de kook brengen, driemaal laten opkoken en dan met 1 eetlepel koud water laten schrikken. Door een filterzakje laten lopen en de juiste hoeveelheid afmeten. Als het meer is dan 60 ml, moet het vocht worden ingekookt; is het minder, dan een beetje water toevoegen.

2. In een schaal de eidooiers en de suiker door elkaar roeren, de hete koffie er voorzichtig doorroeren, au bain marie opkloppen tot een dikke, schuimige massa. De koffielikeur toevoegen en nogmaals opkloppen.

3. Hiermee twee grote dessertglazen vullen, de poederkoffie erover strooien en warm serveren.
(op de foto: onder)

Receptenregister

Originele titel: *Italienische Küche*

Deze uitgave door: Deltas, België - Nederland.
Nederlandse vertaling: C. Boll
D-MCMXCIV-0001-53
NUGI 421